家政婦マコの
ヒルナンデス!!
魔法のテクニック

はじめに

本書をお手に取っていただき、ありがとうございます。

今までの著書では、ポリ袋を使ったレシピを中心にご紹介してきましたが、本書では、番組の中で紹介した、目からウロコな様々なテクニックをまとめてご紹介しています。

どれも簡単なテクニックばかりですが、取り入れるだけで、栄養を効率的に摂取できたり、時短で簡単に調理できたり、知っていればとってもお得なワザばかりです。

そして、テクニックを使って簡単に美味しく作れるレシピを

たくさん詰め込みました！

私は子どもの頃から栄養や調理の裏ワザなどに興味があり、テレビや本などから、色々な知識を取り入れてきました。

また、栄養士やフードコーディネーターの勉強をする中で学んだことや、仕事をする上で得た、たくさんの知識や色々な経験を詰め込んだ一冊となっています。

本書で紹介するレシピもテクニックも、どれも本当に簡単にできるものばかりですので、気になったものからどんどん試していただけると嬉しいです。

mako

2

makoテク**3**種の神器

神器1 耐熱ポリ袋

- **熱に強いので湯煎調理ができる!**

  「ポリ袋」(高密度ポリエチレン)は耐熱温度が110℃なので、沸騰したお湯に入れても、レンジに入れても○K! いろんな料理に使えるので、レシピのレパートリーが広がります♪ くれぐれも「ビニール袋」とは間違えないように!

- **洗い物が出なくて片付けがラク♪**

  ポリ袋にそのまま材料を入れるので、ボールや菜ばしの出番もナシ♪ そして油や調味料で汚れた鍋やフライパンも出ず、調理が終わったらポリ袋を捨てるだけというお手軽さが魅力です。洗い物が出ないので、災害時やアウトドアにも役立ちます。

- **マイナス温度にも強いので、そのまま冷凍保存も!**

  「ポリ袋」(高密度ポリエチレン)はマイナス30℃まで耐冷可能なので、作った料理も、下ごしらえした食材もそのまま冷凍保存できちゃいます。ポリ袋は忙しい毎日に役に立ってくれるとっても便利なアイテムなのです!

神器 2 プラスチック製の保存容器

- ## コンロが埋まっていても、もう一品作れる！
  鍋とフライパンでコンロがフル稼働中……そんな時でもプラスチック製の保存容器があればもう一品作れちゃいます♪さらに調理したらそのままフタをしてそのまま冷蔵庫へ in！洗い物も少なく、手間も少なくキッチンの救世主です。

- ## フタしてミキサー代わりに♪
  よく見かける、フタがロック式になっているタイプのプラスチック製の保存容器なら、なんとミキサー代わりにシェイクできちゃいます！豆腐と調味料を入れてしっかりフタをしてシェイクしたら、ミキサーいらずで豆腐のクリームスープが完成♪（P.65）

神器 3 フリーザーバッグ

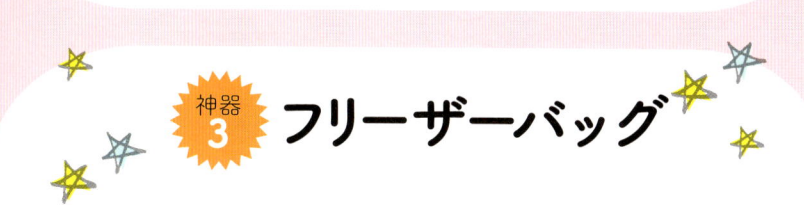

- ## 冷凍から解凍までそのまま使える
  フリーザーバッグは耐熱・耐冷に優れた丈夫な素材なので、冷凍保存したままレンジ解凍もできちゃいます。

- ## ポリ袋より保存に優れている
  フリーザーバッグは、普通のポリ袋より空気が入りにくく、抜きやすい構造。空気を抜いた真空状態も作りやすく、空気が入りにくいので冷凍庫でも霜がつきにくく味も落ちにくい♪

- ## 四角く成型しやすい
  四角い形をしているので、P.31 のズボラバーグなど、キレイな四角に成型するのにも便利です。

Q. 耐熱ポリ袋ってどこで買える？？

A. 確実なのは、<u>**ネット！**</u>

「湯煎OK」と書いてあるものが安心。

Q. ポリ袋を使うメリットって？？

A. <u>**洗い物が少ない！**</u>

「湯煎」だからお鍋のお湯を捨てるだけ。
そして、「セミ真空」にすることで
<u>栄養分が逃げず、味染みも早い！</u>

さらに、
油を使わないのでヘルシー！
災害時にも、ポリ袋があれば、
ご飯も炊けます！

⚠ 買う時に必ず**チェック！**

調理で使用するポリ袋は食品用、キッチン用の、高密度ポリエチレンでできた、耐熱 90 〜 110℃の半透明の袋です。透明のビニール袋（塩化ビニル樹脂使用）や低密度ポリエチレンは熱に耐えられないので使用しないでください。必ず商品裏の注意書きをチェックし、加熱使用NGの項目がないか、耐熱温度の低い品ではないかを確認してください。

	耐熱温度
高密度ポリエチレン	90 〜 110℃
低密度ポリエチレン	70 〜 90℃
塩化ビニル樹脂（ビニール袋）	60 〜 80℃

ポリ袋ってこんなにスゴイ!!

例えば、ハンバーグ なら…

\ ボール代わりに! /

食材と調味料をすべてポリ袋に入れてボール代わりに。調味料は計量したらそのまま、食材は切ったそばからどんどんポリ袋に入れてしまえばバットもいらず省スペース。

\ 手を汚さず、こねる! /

食材と調味料をすべて入れたら、そのままポリ袋の上からこねます。手も汚れず、洗い物も出ずいいことづくめ! 強く揉むと破れてしまうこともあるので注意してください。

\ お湯に、ポン! /

こね終わったら、口の上の方で結んで、そのまま湯煎。湯煎の際は、必ず耐熱皿を置いて火にかけましょう。火加減は「鍋底から泡がポコポコ」。お湯が沸いたらゆっくりとポリ袋を沈めましょう。

\ 副菜も一緒に茹でる! /

メインを湯煎するのと一緒に、副菜を入れたポリ袋も湯煎すれば、一気に今日のご飯が完成。複数のメインを入れてつくり置きするのも◎ 複数のポリ袋を湯煎する場合は、鍋肌に触れないように大きめの鍋を。

ポリ袋って万能すぎる!

\ 冷凍保存OK! /

ポリ袋はマイナス30℃まで耐えられるので、できあがった料理はそのまま冷凍庫へ入れて保存もできます。

\ レンチンOK! /

電子レンジの加熱にも耐えられるので、もちろんレンチンもOK。底に耐熱皿を置いて移動させると、出し入れも簡単に♪

\ 省スペース保存 /

食材に味を染み込ませるなどの、漬け込み料理にもポリ袋は大活躍です。冷蔵庫の中のスペースもあまりとらないので省スペース。

\ マッシュもラクラク /

ポリ袋の上から潰すだけで、マッシュポテトはもちろん、滑らかポタージュまで簡単に作れます。熱いうちの方が潰しやすいので、ふきんなどを当てて!

ポリ袋 × 湯煎

味染み良し！
一気に2〜3品調理！
煮崩れの心配なし！

1. 材料を入れて、真空にして口をしばる

中身を平らにならす

均一に味をなじませるためのコツとして、湯煎する前に袋の中身を平らにします。型崩れを防いでくれる効果も。また、大きめのごろごろとした食材の場合は重ならないように一列に並べましょう。

袋の上の方で口をしばる

空気を押し出しながら、袋の口を結びましょう。こうすることで水分の蒸発を防ぎ、調味料を袋の隅々まで行き渡らせることができます。空気が残っていると湯煎中に袋が浮いてしまうので、空気抜きはマストです。

しっかり真空にするには

ボールなどの深い容器に水を溜めて、その中に袋を浸けて空気を抜くと、しっかり抜けて真空状態に。水圧のおかげで、空気抜きがしやすくなります。このひと手間がさらに美味しくするコツなのです。

2. 耐熱皿を敷いた鍋で、湯煎する

鍋底に皿を置いて火にかける

耐熱のポリ袋でも、高温の鍋底に触れると溶けてしまうことも。湯煎する際には必ず耐熱皿を敷きましょう。鍋の直径より少し小さく平たいものがおすすめです。小さすぎると鍋底に触れてしまうので注意。

食材を皿の上に置き、泡が出る状態を保つ

湯煎の火加減は「鍋底から泡がポコポコ」がベストです。ベストな状態になったら、ポリ袋をゆっくり沈めて耐熱皿の上に置きます。火加減は、常に「泡がポコポコ」を意識しましょう。

一気に2〜3品調理！

大きめの鍋なら、同時に2〜3品のポリ袋を湯煎にかけても！食材によって入れるタイミングを変えれば、バリエーションも広がります。複数を湯煎する時は、ポリ袋が鍋肌に触れないように注意。

鍋底には必ず皿を敷いて袋が直接触れないように注意！　また、鍋肌に触れると耐熱温度を超えて溶ける恐れがあるので状態を見ながら調理しましょう。

水蒸気で食材ふっくら！
固い野菜も一気に柔らかく！

スゴイ！ポイント 大きい袋ならたくさん
調理可能！

ポリ袋 × レンジ

素材を蒸す場合

1. 切らずにゴロッと入れる

野菜を洗って、必要に応じて皮をむいたら、細かく切らずに、ごろっとした状態のままポリ袋へ。大きいままで蒸すことでふっくらと蒸しあがります。また、切るのが大変な野菜のときも、このワザで時短！

2. 袋を折り曲げて

食材をポリ袋に入れたら、上から3分の1程度の部分で内側に折り曲げて食材で口を押さえます。**口を結んでしまうと蒸した時の水蒸気で袋が破裂して大惨事になってしまうので要注意。**

3. そのままレンジへ

袋の口を食材で押さえた状態で、電子レンジへ。内皿にのせて加熱をスタートします。内皿がない場合はレンジ加熱が可能な皿にのせてください。途中で蒸し具合を確認して、必要なら追加加熱を。

調理をする場合

1. 素材をポリ袋へ

レンジの場合も、湯煎の場合も基本は同じ。食材と調味料をすべてポリ袋にinしたら、馴染ませるように手に持って軽く振ります。量が多い場合には、手で袋を握り、こねるように混ぜ合わせましょう。

2. 空気を入れて口をしばる

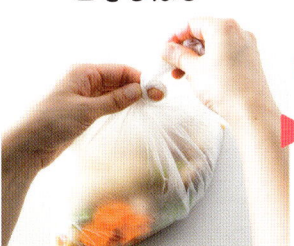

レンジ調理の場合は、**上の方で口を結んで袋に空気を入れることが大切です。**加熱すると水分が膨張するので内部に余裕をもたせるためです。結ぶ位置が上になるので、袋のサイズ選びは慎重に。

3. 結び口のまわりに楊枝で穴をあける

レンジ調理でもうひとつ大切なのが、「穴をあける」こと。2と同じく加熱すると袋が膨張しますので、破裂させないために穴をあけるのです。液体が多い場合は耐熱皿に据え置いて開けてもOKです。

保存容器も
万能です！

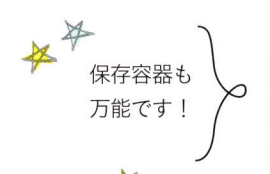

保存容器に入れても

レンジ調理は、ポリ袋の代わりに保存容器に入れてもOKです。さらに料理のバリエーションも広がり、P.89のラザニアなどは保存容器を使えば、そのまま食卓にも出せるので洗い物も少なく作れます。

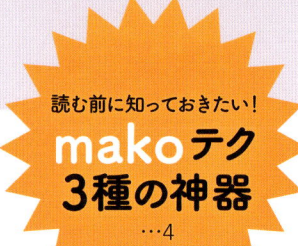

読む前に知っておきたい！
**makoテク
3種の神器**
…4

Contents

はじめに…2

ポリ袋って
こんなにスゴイ！…7

ポリ袋 × 湯煎 …8
ポリ袋 × レンジ …9

Chapter.1

**makoの
魔法の
テクニック** …14

魔法のテクニック❶
**揚げ物は、
揚げなくていい！**

揚げないエビフライ…17

カレー粉入り
揚げない串揚げ…18
かぼちゃの
油揚げコロッケ…19
スコップコロッケ…19
炊飯器で揚げない
油淋鶏風…21

魔法のテクニック❷
**ブロック肉は、
焼かなくていい！**

ローストビーフ…23
ローストビーフアレンジ❶
新玉ねぎの
わさびマヨネーズがけ…24
ローストビーフアレンジ❷
ローストビーフ丼…25
ローストポーク…26
ローストポークアレンジ
煮豚と彩り野菜の
塩レモン炒め…27
鶏むね肉の
チャーシュー…28
絶品鶏ハム…29

魔法のテクニック❸
**失敗しない、
ズボラ専用ハンバーグ**

野菜入りズボラバーグ…31
肉団子の
トマトソース煮…32
牛乳パックでミートローフ
…33

魔法のテクニック❹
**炊飯器ひとつで
お弁当を作る方法**

❶ 洋風炊き込みご飯…34
❷ 鶏むね肉の
マヨネーズ和え…35
❸ 皮付き大根のみそ田楽
…36
パプリカの
肉巻きファルシー…37
玉ねぎトマトスープ…38
手羽元としいたけの
中華スープ…39
ツナおこわ…39
しょうが炊き込みご飯…40

魔法のテクニック ⑤ 茹でない！レンチンパスタ

野菜たっぷりトマトパスタ…47
あさりのボンゴレ…48
節約・厚揚げミートソース…49
ほうれん草のごま和えジェノベーゼ…50
豚とニラの焼かないうどん…51

新玉ねぎご飯
にんじん温マリネ…41
ごぼうガトーショコラ…42
おからと紅茶のケーキ…43
リンゴケーキ…44
炊飯器ケークサレ…45

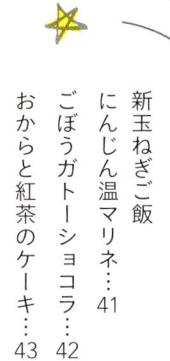

魔法のテクニック ⑥ 炒め物は、炒めなくていい！

ヘルシーチャーハン2種…53
マグカップオムライス…54
ホイコーロー風…55
豚のしょうが焼き風…56
ビビンバ…57

魔法のテクニック ⑦ 煮物は、煮込まなくていい！

ポトフ…59
カブと鶏肉の煮物…60
鶏肉と根菜の筑前煮風…61

魔法のテクニック ⑧ ミキサーなしで絶品スープ

かぼちゃの豆乳ポタージュ…63

ポテトとトマトの紅白スープ…64
振るだけ！豆腐クリームスープ…65

魔法のテクニック ⑨ 冷凍庫も調理器具！冷凍ワザ

豆腐のヘルシーから揚げ…67
冷凍豆腐のそぼろ…68
冷凍小松菜のおひたし…69
冷凍小松菜のお漬物…70
キノコと鮭の甘辛炒め…71
インスタントすまし汁…72

makoの魔法のプチテクニック ① ハムは、押し切りで包丁を汚さない！
…73

Chapter.2
野菜ギライの子も バクバク食べる makoの 野菜攻略レシピ
…74

春

新じゃがの
栄養・時短テク…76
ポテトクリームの
野菜ケーキ…77

新玉ねぎの
栄養・時短テク…78
新玉の万能ソース…79

新キャベツの
栄養・時短テク…80
ロールキャベツ…81
コールスロー…82
レンジお好み焼き…83

夏

とうもろこしの
栄養・時短テク…84
とうもろこしご飯…85
納豆ととうもろこしの
グラタン…86
とうもろこしの皮
わらびもち…87

ナスの
栄養・時短テク…88
ナスとピーマンの
ラザニア…89

ピーマンの
栄養・時短テク…90
ピーマンの肉詰め…91

トマトの
栄養・時短テク…92
トマトあめ…93
トマトジャム…94
トマトシャーベット…95

秋

かぼちゃの
栄養・時短テク…96
かぼちゃのギョウザ…97

ごぼうの
栄養・時短テク…98
ごぼうのマーボー豆腐…99

里芋の
栄養・時短テク…100
里芋のホットサラダ…101

makoの魔法のプチテクニック ②

野菜の皮もはしっこも捨てません！ …108

万能ベジブロスのアレンジレシピ …109

冬

長芋の栄養・時短テク…102

長芋のスタミナ炒め…103

ブロッコリーの栄養・時短テク…104

ブロッコリーのふりかけ和え…105

大根の栄養・時短テク…106

大根の磯煮…107

Chapter.3

makoのご当地＆給食レシピ …110

インド煮…112

みそポテト…113

キムタクご飯…114

うどんギョウザ…115

飛鳥鍋…116

スタミナ納豆…117

まんばのけんちゃん…118

韓国風カルパッチョ…119

パンでできるチーズドッグ…120

長芋ケランチム（韓国蒸し卵）…121

タイ風お刺身…122

エマダツィ…123

ワーテルゾーイ…124

ハッセルバックポテト…125

おわりに…126

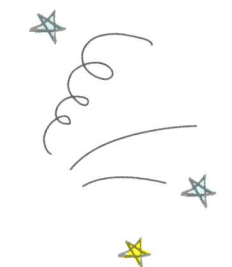

Chapter.1

makoの
魔法の
テクニック

「テレビで見たあのワザ……なんだっけ？」
「メモしても、すぐなくしちゃう！」
そんなアナタのために、
すべてをまとめておきました♪
揚げないエビフライや、
レンジだけで作れるパスタ、
ポリ袋だけで作れるローストビーフなど、
『ヒルナンデス！』でオンエアされた
大人気レシピの大集合です。

揚げ物は、揚げなくていい！

卵と油のかわりに
マヨネーズ！

油で揚げずに
トースターにin！

エーッ！
トースターで
いいなんて！

揚げない エビフライ

トースターで
6分

材料（2〜3人分）

エビ（殻をむいて背わたを取る）…10尾
マヨネーズ…大さじ3
パン粉…適量

作り方

1. エビにマヨネーズを塗り、パン粉をまぶす（ポリ袋でパン粉もまぶすと汚れず便利！）。

2. トースターにトレイ（またはクッキングシート）を敷き、1を並べ、6分程度（※）焼き色がつくまで両面焼く。

＼ ポリ袋にマヨネーズ＆エビを入れて振っても◎ ／

※ご家庭のトースターの温度によって違うので、焦がさないよう様子を見て時間を調整してください。

材料（2〜3人分）

スナップエンドウ（筋を取る）…6個
アスパラガス（根元の硬い皮の部分をピーラーでむき半分に切る）…3本
パン粉…適量
A
| マヨネーズ…大さじ3
| カレー粉…小さじ1
| こしょう…少々

作り方

1. スナップエンドウとアスパラガス（お好みの野菜でOK）に爪楊枝を刺しAを塗り、パン粉をまぶす（ポリ袋でパン粉をまぶすと便利！）。

2. トースターにトレイ（またはクッキングシート）を敷き、1を並べ、6分程度焼き色がつくまで両面焼く。

トースターでほったらかし揚げ物！お弁当にも◎♪

カレー粉入り揚げない串揚げ

串の代わりに爪楊枝！

トースターで 6分

かぼちゃの油揚げコロッケ

材料（2〜3人分）

かぼちゃ（ひと口大に切る）…1/6個
豚ひき肉…80g
ごま油…小さじ1
油揚げ（横半分に切り、袋状に開いておく）…2枚
A
| めんつゆ（2倍濃縮）…大さじ3
| 水…大さじ3

作り方

1. ごま油をひいたフライパンに豚ひき肉とかぼちゃを入れ、肉の色が変わるまで炒めたら、Aを入れてフタをして10分ほど煮る。

2. 1をポリ袋に入れてざっくりと揉み潰し、油揚げに詰め、トースターで5分程度焼き目がつくまで焼く。

フライパンで **10**分

トースターで **5**分

かぼちゃの煮物が残っていたらリメイクも◎

材料（2〜3人分）

じゃがいも…2個
玉ねぎ（みじん切り）…1/4個
合いびき肉…80g
塩こしょう…少々

A
| ケチャップ…大さじ2
| 牛乳…大さじ2

B
| パン粉…大さじ3
| オリーブオイル…大さじ1
※ポリ袋で混ぜ合わせて
おく

作り方

1. 皮付きのじゃがいもに十字に軽く切れ目を入れ（★）、ポリ袋に入れて口を折り、レンジ600Wで4分半程度、柔らかくなるまで加熱。さまして皮をむく。

2. フライパンで玉ねぎ、合いびき肉を炒め、塩こしょうする。

3. **2**に**1**と**A**を入れ、袋の上から手で揉み潰す。

4. 耐熱容器に**3**を入れ、ポリ袋で混ぜ合わせた**B**をのせ、トースターで5分程度焼き色がつくまで焼く。

★
レンチン前に切れ目を
入れておけば、
するんとむける♪
（P.76 参照）

丸めないから
時短簡単な取り分け
コロッケ

スコップコロッケ

ポリ袋×
電子レンジ
4分半

トースターで
5分

20

ごはんが炊けると
同時に超時短で
「いただきます」♪

炊飯器で
揚げない
油淋鶏風（ユーリンチー）

材料（2〜3人分）

米（といでおく）…2合
水…2合の目盛りまで
鶏もも肉（塩こしょう少々振る）
…1枚
酒…大さじ1
おろししょうが…小さじ1
鶏ガラスープの素…大さじ1
長ネギ（千切り）…1/3本
ごま油…大さじ2
A
| しょうゆ…大さじ1
| 酢…大さじ1/2

作り方

1. 米、水、鶏もも肉、酒、鶏ガラスープの素、おろししょうがを入れて炊飯する。

2. 鶏もも肉を取り出し、食べやすい大きさに切り、ネギをのせる。

3. 小鍋で熱々に熱したごま油を上からかけ、Aをかける。

炊飯器
普通
で炊飯

トイレカラスト

一緒に炊いた
ご飯は味付き
なのでおにぎりに
しても♪

ブロック肉は、焼かなくていい！

材料全部をポリ袋に in！

そのまま、湯煎したらもう完成！

か、かんたんすぎる……！
これ絶対、めっちゃ
「いいね」つくわ！

牛
の基本

湯煎するだけで
簡単なのに、本格的
な美味しさ♪

ローストビーフ

湯煎で
15分

材料（2〜3人分）

牛ももブロック…300g
酒…小さじ1
塩こしょう…少々
おろしにんにく…小さじ1
A
　しょうゆ…大さじ2
　みりん…大さじ1
　砂糖…大さじ1

作り方

1. 味が染み込みやすくなるように牛ももブロックの表面をフォークで突き刺し、ポリ袋に入れ、塩こしょう、酒、おろしにんにくを肉にすり込む。

2. ポリ袋の空気を抜き上部でしっかりと口をしばり、ポコポコと泡が出る状態を保ちながら15分湯煎する（時間は肉の厚さや仕上がりの好みで調整）。

3. 冷めたら袋から出し、薄く切る。

4. 肉汁は小鍋に移し、Aとともに煮立て、タレを作る（耐熱容器にいれて軽くラップをし、レンチンでもOK）。

牛 のアレンジ

材料（2〜3人分）

P.23のローストビーフ
…300g
新玉ねぎ（ごく薄切りにする）…1/4個
パプリカ（千切り）…1/4個
A
　わさび…小さじ1
　マヨネーズ…大さじ2
　めんつゆ（2倍濃縮）
　…大さじ1

作り方

1. P.23のローストビーフをお好みの厚さでスライスする。

2. Aと新玉ねぎ、パプリカをポリ袋で混ぜ合わせ、1にかける。

さわやかな辛さと彩りをオン！

ローストビーフアレンジ①

新玉ねぎのわさびマヨネーズがけ

このソースで
2日目もテンション
アップ！

湯煎で15分

牛 のアレンジ

サラダと
卵を添えて
ボリューミーに！

ローストビーフアレンジ 2

ローストビーフ丼

湯煎で
15分

材料（2人分）

P.23のローストビーフ
…300g
ご飯…茶碗2杯強
卵黄…2個
サラダミックス…1袋
A
| しょうゆ…大さじ4
| みりん…大さじ4
| 酒…大さじ4
| 玉ねぎ（みじん切り）
| …1/4個

作り方

1. P.23のローストビーフを薄切りにする。

2. Aを煮詰めて、タレを作る（耐熱容器にいれて軽くラップをし、レンチンでもOK）。

3. 器にご飯をよそい、その上からサラダミックス、ローストビーフの薄切りをのせ、Aを上からかけ、卵黄を添える。

豚
の基本

材料（2〜3人分）

豚肩ロースブロック…300g
おろししょうが…小さじ1
塩こしょう…少々
A
　しょうゆ…大さじ1
　みりん…大さじ1/2
　砂糖…大さじ1/2

作り方

1. 豚肩ロースブロックの表面をフォークで刺し、肉の繊維を断ち切る。

2. ポリ袋に**1**、おろししょうが、塩こしょうを入れ、肉にすり込む。

3. ポリ袋の空気を抜き上部でしっかり口をしばり、ポコポコと泡が出る状態を保ちながら、25分湯煎する。

4. 余熱でじっくり火を通す。

簡単かつ無限にアレンジのきく一品をつくり置き！

ローストポーク

湯煎で
25分

豚 のアレンジ

カラフル野菜で
華やかな一皿に

（ローストポークアレンジ）

煮豚と彩り野菜の塩レモン炒め

フライパンで
5分

材料（2〜3人分）

P.26のローストポーク
…150g
パプリカ（ひと口大に切る）
…1個
ズッキーニ（3mm幅の半月切り）…1/2本
A
├ 酒…大さじ1
├ レモン汁…大さじ1
├ 鶏ガラスープの素
│ …大さじ1/2
└ 塩こしょう…少々

作り方

1. P.26のローストポークを厚めにスライスする。

2. 1 をフライパンでパプリカ、ズッキーニと一緒に炒める。

3. Aを入れ、味がなじむようにさっと炒める。

材料（2〜3人分）

鶏むね肉…1枚
しょうゆ…大さじ2
酒…大さじ2
みりん…大さじ2
水 …大さじ2
酢…小さじ1
砂糖…小さじ1
長ネギ（ぶつ切り）…1/4本
しょうが（薄切り）…4枚

作り方

1. 小さめの鍋にすべての材料を入れる。

2. 弱火で10分煮る。

3. ひっくり返してさらに10分煮る。

ポリ袋に材料を
入れて湯煎でも
OK！

お買い得な
むね肉で
つくり置き！

鶏むね肉の
チャーシュー

調理時間
20分

ポリ袋なら
水分が逃げず
しっとり♥

絶品鶏ハム

湯煎で
25分

材料（2〜3人分）

鶏むね肉…1枚
塩…小さじ1
砂糖…小さじ1/2
こしょう…少々

皮はキッチン
バサミを使えば
楽々取れる♪

作り方

1. 鶏むね肉の皮を取り、塩、こしょう、砂糖をすり込む。

2. ラップの上でくるっとまるめ、キャンディ包みにし、更にポリ袋に入れる。

3. ポリ袋の空気を抜いて上部でしっかり口をしばり、ポコポコと泡が出る状態を保ちながら、25分湯煎する。

4. 鍋にフタをし、そのまま冷めるまで置いておく。

ポリ袋でこねれば
手が汚れない！
ソースも混ぜ込む！

洗い物ゼロの
上に、
失敗しらず！

もう焦がさない、
崩さない！

オホホ

失敗しない、ズボラ専用ハンバーグ

4等分して
そのまま
レンジへGO！

野菜入りズボラバーグ

材料（2〜3人分）

合いびき肉...200g
玉ねぎ…1/4個（野菜はすべてみじん切り）
ピーマン…2個
にんじん…1/4個
パン粉…大さじ3
塩こしょう…少々
ケチャップ…大さじ2
中濃ソース…大さじ2
卵…1個

作り方

1. ポリ袋（フリーザーバックも可）に材料をすべて入れ、よく混ぜる。

2. 袋の下の方にタネを集め、平らにして袋の上から菜ばしで押さえつけ、4等分にする。

3. 袋の上部でしっかり結ぶ。その近くに爪楊枝で数箇所に穴をあけ、レンジ600Wで8分加熱する。

菜ばしで4等分
することで
切り分けやすく！

ポリ袋×
電子レンジ
8分

材料（2〜3人分）

A
- 鶏ひき肉…150g
- 卵…1個
- パン粉…大さじ5

マッシュルーム（薄切り）…4個
まいたけ（小房に分ける）
…1/2パック
玉ねぎ（みじん切り）…1/4個
カットトマト缶…1缶
顆粒コンソメ…小さじ2
オリーブオイル…小さじ2
おろししょうが…小さじ2
塩こしょう…少々

みじん切りは10分放置。
空気に触れることで、
アリシンが活性化して
栄養アップ！

作り方

1. ポリ袋に**A**を入れてよく混ぜる。

2. 別のポリ袋に、**A**以外をすべて入れ混ぜる。

3. **1**を肉団子にして、**2**のポリ袋に入れる。

4. ポリ袋の空気を抜いて上部でしっかり口をしばる。その近くに爪楊枝で数箇所穴をあける。レンジ600Wで12分加熱する。

ポリ袋とレンチン
で洗い物激減！

肉団子の
トマトソース煮

ポリ袋×
電子レンジ
12分

ピーマンのタネは
とらないでOK
（P.90 参照）

牛乳パックでミートローフ

材料（2〜3人分）

A
| 合いびき肉…200g
| 玉ねぎ（みじん切り）
| …1/4個
| パン粉…大さじ3
| 塩こしょう…少々
ピーマン（縦にカットし、ヘタを取る。ワタとタネは取らずに使う。P.90参照）…2個
ベーコン…2枚

B
| 中濃ソース…大さじ1
| ケチャップ…大さじ1

作り方

1. ポリ袋にAを入れて混ぜ合わせる。ピーマンは別のポリ袋に入れ、レンジ600Wで1分半加熱する。

2. 500mlの牛乳パックの側面を切り取り、長めにラップを敷き、その上にベーコンを重ならないように並べ、1の半量を入れる。その上にピーマンを置き、1の残りも入れる。ベーコンの端をおりたたみ、ラップをかぶせ、レンジ600Wで8分加熱。

3. 2を適当な大きさに切り分け、混ぜ合わせたBを添える。

ベーコンの端は
かぶせる！

2のベーコンは端を出した状態でタネを入れ、最後に内側におりたたむ

牛乳パック×
電子レンジ
8分

ポリ袋×
電子レンジ
1分半

33

すべてぶっこみ～！！ 一気に炊飯

炊飯器ひとつでお弁当を作る方法

一気に作れる♪
絶品炊き込みご飯

材料（2～3人分）

A
- 米…3合
- 水…3合の目盛まで
- 細切りベーコン…2枚
- 薄切りマッシュルーム…4個
- 顆粒コンソメ…大さじ1

鶏むね肉…1枚
大根（皮ごと1cm幅の半月切り）…1/6本

作り方

1. Aをすべて入れ、その上に鶏肉、大根を炊飯器に入れて炊く。

❶ 洋風炊き込みご飯
❷ 鶏むね肉のマヨネーズ和え
❸ 皮付き大根のみそ田楽

炊飯器ってご飯炊くだけじゃない…！

炊飯器 普通 で炊飯

炊飯器を使えば、
むね肉も柔らかく
ジューシーに

② 鶏むね肉の マヨネーズ和え

材料（2〜3人分）

P.34の鶏むね肉…1枚
マヨネーズ…大さじ2
マスタード…大さじ1
塩こしょう…少々

作り方

1. P.34の炊飯器から鶏むね肉を取り出し、ひと口サイズにカットする。

2. ポリ袋に①とマヨネーズ、マスタード、塩こしょうを加えて和える。

①の炊き込みご飯は
そのままお弁当に
詰めてね

材料（2〜3人分）

P.34の大根…1/6本
砂糖…小さじ1
みそ…大さじ1
かつおぶし…ひとつかみ

作り方

1. P.34の炊飯器で炊いた大根を取り出す。

2. 砂糖、みそ、かつおぶしを混ぜ合わせ、大根にのせる。

皮ごと調理で
ビタミンC
摂取！
（P.106 参照）

しっかり
味が染みた
ほろほろ大根

③ 皮付き大根のみそ田楽

炊き込みご飯を
パプリカに詰めて
カラフルな一皿

❶洋風炊き込みご飯のアレンジ

パプリカの肉巻きファルシー

オーブン
30分

材料（2〜3人分）

P.34の洋風炊き込みご飯
…200g
豚ひき肉…100g
長ネギ（小口切り）…1/2本
塩こしょう…少々
パプリカ…2個
豚バラ肉…6枚

作り方

1. フライパンに豚ひき肉、ネギを入れ塩こしょうを加えて炒める。

2. 1にP.34の炊き込みご飯をお茶碗に軽く2膳分ほど加えて、混ぜ合わせる。

3. パプリカを縦半分に切って中を空洞にし、2を詰める。

4. 豚肉を全体に巻き、塩こしょうをする。

5. 200℃のオーブンで約30分焼く。

37

炊飯器
でスープ

材料（2〜3人分）

玉ねぎ…小3個
トマト…小3個
オリーブオイル…小さじ1
顆粒コンソメ…大さじ1
塩こしょう…少々
水…400ml

作り方

1. トマト、玉ねぎを丸ごとそのまま炊飯器に入れる。

2. 水、顆粒コンソメ、塩こしょう、オリーブオイルを加え、炊飯器のスイッチをオン！

ごろんと丸ごとが可愛い！
ごちそうスープ

玉ねぎトマトスープ

炊飯器
普通で炊飯

炊飯器
でスープ

ほろほろお肉で
幸せ気分の
食べるスープ

手羽元としいたけの中華スープ

材料（2〜3人分）

手羽元…6本
長ネギ（4cm幅のぶつ切り）
…1本
しいたけ（4つ切り）…3枚
オイスターソース…小さじ1
しょうゆ…小さじ1
ごま油…大さじ1
水…400ml
鶏ガラスープの素…大さじ1
しょうが（薄切り）…3枚

作り方

1. 炊飯器にすべての材料を入れる。

2. 炊飯器のスイッチをオン！

炊飯器
普通
で炊飯

ホムパで大活躍！
2種類ご飯の
時短テクニック

ツナおこわ&しょうが炊き込みご飯

材料（2〜3人分）

・ツナおこわ
もち米…1合
ツナ缶…1缶
枝豆（さやから出して）
…30粒
水…180ml
白だし…小さじ2
しょうゆ…小さじ1

・しょうが炊き込みご飯
米…2合
水…2合の線まで
しょうが（千切り）…1かけ
白だし…大さじ3
塩…ひとつまみ

作り方

1. 炊飯器にしょうが炊き込みご飯の材料をセットする。

2. ポリ袋にツナおこわの材料を入れて袋を閉じ、炊飯器に入れる。

3. 炊飯器のスイッチをオン！

包丁・まな板を
使わず作れる
簡単メニュー！

新玉ねぎご飯
にんじん温マリネ

炊飯器
普通
で炊飯

ヒルナンデス!

材料（2～3人分）

・**新玉ねぎご飯**
新玉ねぎ…1個
米…2合
水…2合の線まで
コンソメ…大さじ1
ベーコン（ハサミで1cmにカット）…2枚
コーン缶（小）…1/2缶
バター…20g

・**にんじん温マリネ**
にんじん…1本
A
　オリーブオイル…大さじ1
　レモン汁…大さじ1
　塩…小さじ1/4
　こしょう…少々
　パセリ（みじん切り）…少々
　レーズン…大さじ1
　くるみ…大さじ1

作り方（新玉ねぎご飯）

1. 米と水、新玉ねぎを丸ごと一緒に炊飯器へ。

2. 残りの材料をすべて加え、（副菜に使うにんじんも丸ごと入れる）炊飯器のスイッチをオン！

3. 炊き上がったら、新玉ねぎをしゃもじで崩して混ぜる。

作り方（にんじん温マリネ）

1. ご飯と一緒に炊いたにんじんを取り出す。

2. 食べやすい大きさに切り、ポリ袋でAと混ぜ合わせる。

炊飯器でスイーツ

材料（2～3人分）

チョコレート…200g
生クリーム…200ml
ホットケーキミックス…50g
卵…3個（溶いておく）

・グラッセ
みかんの皮（薄切り）…1枚
ごぼう（5㎜角の角切り）
…1/6本
砂糖…大さじ4
水…100ml

作り方

1. グラッセの材料を小鍋に入れ、水分がなくなるまで煮詰める。

2. 炊飯器の釜にチョコレートを入れ、湯煎で溶かす。

3. 2に生クリーム、卵、ホットケーキミックス、1を入れ、全体を混ぜ合わせる。

4. 炊飯器のスイッチをオン！

ごぼうとみかんのグラッセが美味しい！

ごぼうガトーショコラ

炊飯器普通で炊飯

混ぜてスイッチ
を入れるだけで
本格スイーツ♪

おからと紅茶のケーキ

炊飯器
普通
で炊飯

材料（2～3人分）

ホットケーキミックス
…200g
おから（生）…100g
牛乳…160ml
紅茶の茶葉（ティーバッグなどの細かい茶葉）
…大さじ1
卵…1個

作り方

1. 炊飯器にすべての材料を入れ、よく混ぜ合わせる。

2. 炊飯器のスイッチをオン！

たくさん作れるから冷凍するのもいいわね！

炊飯器
でスイーツ

材料（2〜3人分）

リンゴ（薄切り）…1個
砂糖…大さじ1
バター…20g
A
| ホットケーキミックス
| …200g
| 牛乳…160ml
| 卵…1個

作り方

1. 炊飯器の釜にバターを塗り、砂糖を底全体にまぶす。

2. リンゴを敷き詰める。

3. Aの生地を流し込む。

4. 炊飯器のスイッチをオン！

砂糖で簡単
カラメルとリンゴの
甘いハーモニー

リンゴケーキ

ぐるっと並べると
焼き上がりが
美しく

炊飯器
普通
で炊飯

44

フランス生まれの
おかずケーキ♪

炊飯器ケークサレ

材料（2〜3人分）

ホットケーキミックス
…200g
牛乳…50ml
卵…2個
粉チーズ…大さじ3
塩こしょう…少々
ソーセージ（食べやす
いサイズに切る）…5本
ミックスベジタブル
…1/2カップ

作り方

1. 炊飯器にすべての材料を入れ、よく混ぜ合わせる。

2. 炊飯器のスイッチをオン！

ケークサレはフランス語で
「塩味のケーキ」って意味よ。
甘くないおかずになる
ケーキってことね

炊飯器
普通
で炊飯

野菜たっぷりトマトパスタ

材料（2〜3人分）

パスタ（6分茹でのもの）
…200g
カットトマト缶…1缶
ツナ缶…1缶
玉ねぎ（千切り）…1/4個
エリンギ（薄切り）…1本
おろしにんにく
…小さじ1/2
キャベツ（1cm幅に切る）
…1枚
水…300ml
顆粒コンソメ…大さじ1
塩こしょう…少々

作り方

1. パスタを半分に折り、保存容器に入れる。

2. パスタ以外の材料をすべて入れる。

3. ふんわりとラップをして、レンジ600Wで6分加熱。

4. よく混ぜ、さらに5分加熱。

※パスタは6分茹で用ですが、お湯の沸騰から食材の加熱までをレンジだけで行うため、少し長めにレンチンしています。また、このレシピは野菜が多いので他のパスタより少し長めにしています。ご家庭の電子レンジによって違いますので、様子を見ながら時間調整してください。

保存容器×
電子レンジ
11分

材料（2〜3人分）

パスタ（6分茹でのもの）
…200g
あさり（砂抜きしたもの）
…12個
ミニトマト（半分に切る）
…8個
顆粒コンソメ…小さじ1
オリーブオイル…大さじ4
酒…大さじ3
おろしにんにく…小さじ1
塩こしょう…少々
水…300ml

作り方

1. パスタを半分に折り、それ以外の材料をすべて保存容器に入れる。

2. ラップをふんわりかけてレンジ600Wで5分加熱。

3. よく混ぜ、さらに5分加熱。

にんにくの香りが食欲をそそる、うまみ凝縮パスタ

あさりのボンゴレ

保存容器×電子レンジ 10分

節約・厚揚げミートソース

材料（2〜3人分）

パスタ（6分茹でのもの）…200g
水…400ml
オリーブオイル…小さじ1
塩…2つまみ
厚揚げ…2枚
豚ひき肉…50g
おろしにんにく…小さじ1
オリーブオイル…大さじ1
カットトマト缶…1缶
中濃ソース…大さじ1
顆粒コンソメ…大さじ1
塩こしょう…少々
粉チーズ…お好みで

作り方

1. パスタを半分に折って保存容器に入れ、水、塩、オリーブオイルを入れて、ふんわりとラップをして、レンジ600Wで5分加熱。よく混ぜ、さらに5分加熱。

2. ポリ袋に厚揚げを入れて揉み潰す。

3. オリーブオイルをひいたフライパンで2を炒め、水分がなくなったら豚ひき肉、おろしにんにくも入れて炒める。

4. 豚ひき肉の色が変わったら、カットトマト缶、中濃ソース、顆粒コンソメ、塩こしょうを加えて味付けし、パスタにかけて完成。粉チーズをお好みでかける。

フライパンで
5分

保存容器×
電子レンジ
10分

残り物のごま和えがジェノベーゼに大変身！

材料（2〜3人分）

・ほうれん草のごま和え
（半量を使う※）
ほうれん草（茹でて水気を切る）…1/2 束
すりごま…大さじ2
めんつゆ（2倍濃縮）…小さじ2
砂糖…小さじ1

にんにく…2かけ
オリーブオイル…大さじ7
塩…4つまみ
粉チーズ…大さじ1/2

パスタ（6分茹でのもの）…200g
水…400ml
オリーブオイル…小さじ1
塩…2つまみ

作り方

1. ほうれん草のごま和えの材料をよく混ぜる。

2. ミキサーに1の1/2、にんにく、オリーブオイル、塩を入れ、ペースト状にする。

3. P.49の1と同様にして、茹でたパスタと2を和える。

※半量はそのままごま和えとして食卓へ。半量をジェノベーゼにリメイクしています。

“ごま”が
ジェノベーゼに
不可欠な松の実の
代わりに
なるんです！

調理時間
10分

ほうれん草のごま和えジェノベーゼ

豚とニラの焼かないうどん

材料（2〜3人分）

茹でうどん（水で洗い、ほぐしておく）…2玉
豚こま切れ肉…80g
ニラ（斜め切り）…1/2束
A
　しょうゆ…大さじ1
　みりん…大さじ1
　顆粒和風だし…小さじ1
　塩こしょう…少々

作り方

1. 保存容器にうどん、豚こま切れ肉、ニラ、Aの順に入れる。

2. ふんわりラップをしてレンジ600Wで5分加熱。

入れる順番が重要です！

保存容器×電子レンジ
5分

すべての材料を
入れて混ぜる

炒め物は、炒めなくていい！

平たくして冷凍
すれば、即席冷凍
チャーハン

混ぜるだけ!?…っ
盲点だったわ！
火も、包丁も
使わないなんて
……！

52

ヘルシーチャーハン2種

ポリ袋×
電子レンジ
3分

材料（2〜3人分）

・中華風

ご飯…茶碗2杯（300g）

A
| カニカマ（さいておく）…6本
| コーン缶（小）…1/2缶
| 青ネギ（小口切り）…2本
| おろしにんにく…小さじ1/4
| ごま油…大さじ1/2
| 鶏ガラスープの素…大さじ1/2
| 塩こしょう…少々

材料（2〜3人分）

・洋風

ご飯 茶碗…2杯（300g）

B
| 茹でタコ（刻む）…80g
| コーン缶（小）…1/2缶
| 青ネギ（小口切り）…2本
| にんにく…小さじ1/4
| オリーブオイル…大さじ1/2
| 顆粒コンソメ…大さじ1/2
| 塩こしょう…少々

作り方

1. ふたつのポリ袋に熱々のご飯を入れる。

2. ひとつに、中華風材料Aをすべて入れて混ぜる。

3. もうひとつに、洋風材料Bをすべて入れて混ぜる。

4. 冷凍保存する場合は、どちらもポリ袋ごと薄く伸ばして口を結んで冷凍庫へ。食べる時は、袋の口をあけてレンジ600Wで3分加熱する。

材料（2〜3人分）

A
- ご飯…茶碗2杯強
- ケチャップ…大さじ4
- 塩こしょう…少々
- 刻んだハム…2枚分
- パセリ…少々

B
- 卵…4個
- 牛乳…大さじ2
- 粉チーズ…大さじ2
- 塩こしょう…少々

作り方

1. Aをよく混ぜ合わせ、マグカップ2〜3個に分ける。

2. 混ぜ合わせたBを1にそれぞれ均等にかける。

3. ふんわりラップをしてレンジ600Wで4分加熱する（4分加熱後、様子を見ながら必要なら30秒ずつ追加で加熱する）。

> レンジだけで作る超絶簡単オムライス

マグカップオムライス

電子レンジ **4分**

54

郵便はがき

150-8482

東京都渋谷区恵比寿4-4-9
えびす大黒ビル
ワニブックス 書籍編集部

お手数ですが
切手を
お貼りください

— **お買い求めいただいた本のタイトル** —

本書をお買い上げいただきまして、誠にありがとうございます。
本アンケートにお答えいただけたら幸いです。
ご返信いただいた方の中から、
抽選で毎月5名様に図書カード（1000円分）をプレゼントします。

ご住所　〒

TEL（　　　-　　　-　　　）

（ふりがな）
お名前

ご職業

年齢　　　歳

性別　男・女

いただいたご感想を、新聞広告などに匿名で
使用してもよろしいですか？　（ はい・いいえ ）

※ご記入いただいた「個人情報」は、許可なく他の目的で使用することはありません。
※いただいたご感想は、一部内容を改変させていただく可能性があります。

●この本をどこでお知りになりましたか?(複数回答可)

1. 書店で実物を見て　　　　　　　2. 知人にすすめられて
3. テレビで観た(番組名:　　　　　　　　　　　　　　　　)
4. ラジオで聴いた(番組名:　　　　　　　　　　　　　　　)
5. 新聞・雑誌の書評や記事(紙・誌名:　　　　　　　　　　)
6. インターネットで(具体的に:　　　　　　　　　　　　　)
7. 新聞広告(　　　　　　新聞)　　8. その他(　　　　　　)

●購入された動機は何ですか?(複数回答可)

1. タイトルにひかれた　　　　　　2. テーマに興味をもった
3. 装丁・デザインにひかれた　　　　4. 広告や書評にひかれた
5. その他(　　　　　　　　　　　　　　　　　　　　　　)

●この本で特に良かったページはありますか?

●最近気になる人や話題はありますか?

●この本についてのご意見・ご感想をお書きください。

以上となります。ご協力ありがとうございました。

ホイコーロー風

材料（2～3人分）

豚こま切れ肉…150g
キャベツ（ひと口大に切る）
…2枚
ピーマン（ひと口大に切る）
…3個
みそ…大さじ1
しょうゆ…大さじ1
砂糖…大さじ1
オイスターソース…小さじ1
片栗粉…小さじ1

作り方

1. すべての材料をポリ袋に入れて
よく混ぜる。

2. ポリ袋の空気を抜いて上部で
しっかり口をしばる。

3. 鍋に湯を沸かし、ポコポコと泡
が出る状態を保ちながら袋のま
ま20分湯煎にかける。

湯煎で
20分

材料（2～3人分）

豚肉しょうが焼き用厚切り…6枚
玉ねぎ（みじん切り）…1/4個
しょうゆ…小さじ2
砂糖…小さじ1
おろししょうが…小さじ1
ケチャップ…小さじ1
片栗粉…小さじ1

作り方

1. すべての材料をポリ袋に入れてよく混ぜる。

2. ポリ袋の空気を抜き上部でしっかり口をしばる。

3. 鍋に湯を沸かし、ポコポコと泡が出る状態を保ちながら袋のまま約15分湯煎にかける。

湯煎なら片栗粉も一緒に入れられてラク♪

豚のしょうが焼き風

湯煎で15分

ビビンバ

湯煎で
15分

材料（2〜3人分）

A
- 牛こま切れ肉…150g
- 焼肉のタレ…大さじ2
- ケチャップ…大さじ1

B
- もやし…1/2袋
- 小松菜（4cmのざく切り）…1/4束
- 鶏ガラスープの素…小さじ1
- ごま油…小さじ1

C
- にんじん（千切り）…1/2本
- 酢…小さじ1
- 鶏ガラスープの素…小さじ1
- ごま油…小さじ1

作り方

1. 3つのポリ袋に、A、B、Cそれぞれの材料を入れてよく混ぜる。

2. ポリ袋の空気を抜き上部でしっかり口をしばる。

3. 鍋に湯を沸かし、ポコポコと泡が出る状態を保ちながら袋のまま湯煎。3つとも同時に鍋に入れ、約10分経ったらBを取り出し、約15分経ったらA、Cを取り出す。

1つの鍋に袋3つで時短！

鍋じゃなく、すべてを保存容器へ

煮物は、煮込まなくていい！

今までの煮込み時間返してーーー！！！

そのままレンチンで完成〜！

ポトフ

材料（2〜3人分）

ブロックベーコン（1㎝
に切る）…6枚
キャベツ（3等分する）
…1/4個
玉ねぎ（4等分する）
…1個
顆粒コンソメ…小さじ2
塩こしょう…少々
水…300ml

作り方

1. 保存容器にすべての材料を入れる。

2. ラップを具材にピッタリとかける。その上からもラップをかけ、レンジ600Wで約13分加熱する。

保存容器×
電子レンジ
13分

1枚目のラップは具材に
ピッタリくっつけて
落としブタ代わりに！

保存容器だけで
手の込んだような
煮物が完成♪

カブと鶏肉の煮物

材料（2〜3人分）

鶏もも肉（ひと口大に切る）
…1枚
カブ（4つ切り）…3個
めんつゆ（2倍濃縮）
…大さじ4
水…大さじ4

作り方

1. 保存容器にめんつゆ、水を入れる。

2. 1にカブ、鶏もも肉を入れ、ラップを具材にピッタリとかける（P.59と同様）。その上からもラップをかける。

3. レンジ600Wで約8分加熱。

保存容器×
電子レンジ
8分

鶏肉と根菜の筑前煮風

材料（2〜3人分）

鶏もも肉（ひと口大に切る）…1枚
ごぼう（斜め薄切り）…1/2本
にんじん（半月薄切り）…1/4本
かつおぶし…小パック1袋
しょうゆ…大さじ2
砂糖…大さじ1/2
片栗粉…大さじ1/2
水…大さじ3

作り方

1. すべての材料を保存容器に入れ、ラップを具材にぴったりとかける（P.59と同様）。その上からもラップをかける。

2. レンジ600Wで約6分加熱。

簡単に「おふくろの味」

保存容器×電子レンジ 6分

ミキサーなしで絶品スープ

レンジで加熱して柔らかく

手で潰してマッシュ！マッシュ！

鍋毛なし！
ポリ袋で
混ぜるだけ〜♪

かぼちゃの豆乳ポタージュ

材料（2〜3人分）

かぼちゃ…1/6個
バター…30g
顆粒コンソメ…小さじ2
おろし玉ねぎ…1/4個
A
 豆乳…300ml
 オリーブオイル…小さじ1
 塩こしょう…少々

作り方

1. かぼちゃは皮をむき、ポリ袋に入れる。口を折り、レンジ600Wで3分程度柔らかくなるまで加熱（P.9参照）。玉ねぎはすりおろす。

2. かぼちゃが熱いうちに、ポリ袋に玉ねぎ、バターを加えて、よく潰し混ぜ、冷えたら器に盛る。

3. 上からポリ袋でよく混ぜたAを注ぎ2層にする。混ぜ合わせながら食べる。

熱いうちだと
潰しやすい！
ふきんで火傷防止

ポリ袋×
電子レンジ
3分

材料（2～3人分）

新じゃが…2個
牛乳…大さじ5
顆粒コンソメ…小さじ2
A
　トマトジュース…300ml
　オリーブオイル…小さじ1
　塩こしょう…少々

混ぜながら
食べるとより
美味しく楽しい♪

作り方

1. 新じゃがは包丁で軽く十字に切れ目を入れ（P.76参照）、ポリ袋に入れて袋の口を折り、レンジ600Wで4分半加熱。冷めたら取り出し、皮をむく。

2. 1に牛乳、顆粒コンソメを入れ、潰しながらよく混ぜ、マッシュポテトにする。

3. 2が冷えたら器に盛り、Aを注いで2層にする。混ぜ合わせながら食べる。

新じゃがの甘みと
トマトの酸味が絡み合う
美しいスープ

ポテトとトマトの紅白スープ

ポリ袋×
電子レンジ
4分半

64

振るだけ！豆腐クリームスープ

材料（2〜3人分）

絹ごし豆腐…1丁
豆乳…200ml
白だし…大さじ2
オリーブオイル…大さじ1
塩こしょう…少々

作り方

1. すべての材料を保存容器に入れ、フタをしめ、混ざり合うまでよく振る。

保存容器
3分

ポリ袋に入れて
手で揉んでも◎

お肉としか思えないジューシーさ！

豆腐のヘルシーから揚げ

材料（2〜3人分）

冷凍豆腐（保存容器にうつして冷凍）…1丁
しょうゆ…大さじ2
みりん…大さじ1
おろしにんにく…小さじ1
小麦粉、片栗粉…各大さじ3
揚げ油…適量

作り方

1. 凍らせておいた豆腐を自然解凍（※）する。

2. 手で絞って水分を抜き、ひと口サイズにカットする。

3. ポリ袋に2とにんにく、みりん、しょうゆを入れて、なじませる。

4. 小麦粉と片栗粉を合わせたものをポリ袋に入れ、3を入れて半分をまぶし、揚げ焼きにする。

※早く解凍したい場合は、耐熱容器にうつし、ふんわりとラップをかけてレンジ600Wで3分半加熱してください。

 調理時間 10分

冷凍豆腐のそぼろ

材料（2〜3人分）

冷凍豆腐（保存容器にうつして冷凍しておく）…1丁
ごま油…大さじ1

A
　しょうゆ…大さじ2
　砂糖…大さじ2
　顆粒和風だし
　…小さじ1/2
　おろししょうが
　…小さじ1/2

作り方

1. 凍らせておいた豆腐を自然解凍する（早く解凍したい場合は、P.67参照）。

2. 手で絞って水分を抜き、ぽろぽろになるようにちぎる。

3. ごま油をひいたフライパンで2を炒め、Aで味付けする。

フライパンで 5分

冷凍小松菜の
おひたし

材料（2〜3人分）

小松菜…1/2束
めんつゆ（2倍濃縮）
…大さじ2
かつおぶし…お好みで

作り方

1. 小松菜を食べやすい大きさに切り、ポリ袋に入れて冷凍する。

2. 冷凍庫から出し、めんつゆ大さじ2を入れ、自然解凍する。お好みで、かつおぶしをかける。

冷凍して解凍すると、
食物繊維が茹でた
状態とほぼ同じに！

冷凍庫で
3時間

冷凍小松菜のお漬物

材料（2〜3人分）

小松菜…1/2束
塩…小さじ1/2強

作り方

1. 小松菜を食べやすい大きさに切り、ポリ袋に入れ、塩も入れてよく混ぜ、冷凍する。

2. 自然解凍して水気を絞る。

冷凍は焼く、蒸すと
同じく〝調理法〟
なのね！

冷凍庫で
3時間

キノコは冷凍
することで
うまみアップ！

キノコと鮭の甘辛炒め

材料（2〜3人分）

しめじ…1/2袋
えのき…1袋
鮭…2切れ（ひと口大に切る）
しょうゆ…大さじ1と1/2
みりん…大さじ1と1/2
白いりごま…少々

作り方

1. キノコはそれぞれ石づきを取り、食べやすく房を分ける。

2. ポリ袋に入れ冷凍する。

3. 冷凍してうまみを引き出したキノコと鮭をフライパンで、しょうゆ、みりんで炒め煮し、ごまを散らす。

フライパンで
10分

材料（1杯分）

白だし…大さじ1
カニカマ（さいておく）
…1/3本
ネギ（小口切り）
…少々
お湯…150ml

作り方

1. 刻んだカニカマ、ネギ、白だしを混ぜ合わせ、製氷皿に入れる。

2. 冷凍庫に3時間入れて凍らせる。

3. 食べる時にお湯を注ぐ。

お湯を注ぐだけ！手作りインスタント

インスタントすまし汁

いろんな型の
製氷皿で作れば、
テンション↑↑

冷凍庫で
3時間

72

ハムは、押し切りで包丁を汚さない！

パック入りハムは、開けずにそのまま押し切り！
包丁もまな板も汚さずカット！

グッと
思い切り押す！

手順

ハムはパックのまま包丁を上から当て、包丁の背をぐっと押して切ります。

包丁を前後に引いたり、斜めにして切るとパックが破れてしまうのでNG。
刃の薄いナイフもスパッとパックが切れてしまうので気を付けて！

この章では、季節の旬野菜ごとに、
栄養テクと時短テクをご紹介します。
『ヒルナンデス！』で訪問したお宅でよく聞く、「この野菜
だけは絶対食べてくれないんです…！」というお母さんの
お悩みを次々に解決してきた野菜ギライ攻略レシピです。

ふふふ……
野菜たっぷり入ってるのよ…

Chapter.2

野菜ギライの子も
バクバク食べる

makoの
野菜攻略レシピ

新じゃがの テク

栄養

時短

1.
皮をむかずに加熱でビタミン逃さない！
▼
P
113

アルミ箔でこすり洗いして、

2.
加熱前に皮に切り込みを入れると、皮むきがとってもラク！
▼
P
77

保存方法
新じゃがは水分量が多いので、新聞紙にくるんで冷暗所で保存することで水分を逃さない。

びっくりするくらいするんとむける

2.

皮のまま食べると栄養アップ！

1.

makoさんより

新じゃがは、皮が薄いのでそのまま食べられるのが特徴！ 皮も丸ごと食べちゃいましょう♪ そして、通常より早く収穫するので、水分量も多くみずみずしい食感も特徴です♪

いつの間にか
野菜だって思わず
食べちゃう
魔法のケーキ

ポテトクリームの野菜ケーキ

新じゃが
時短テク

材料（2〜3人分）

・ポテトクリーム
新じゃが…2個
生クリーム…大さじ6
オリーブオイル…大さじ1
塩こしょう…少々

・卵液
いんげん（3cm幅に切る）
…6本
ピザ用チーズ…大さじ3
溶き卵…3個
牛乳…大さじ2
塩こしょう…少々

かざり用プチトマト…適量

ポリ袋×
電子レンジ
8分半

作り方

1. 新じゃがの表面に切れ目を入れ、ポリ袋に入れてレンジ600Wで4分半加熱する。

2. さめたらポリ袋から新じゃがを取り出して皮をむき、ポリ袋に戻したら、生クリーム、塩、こしょう、オリーブオイルを加えて、混ぜてマッシュポテトにする。

3. 耐熱皿（グラタン皿など）に細かく切ったいんげん、チーズ、溶き卵、牛乳を入れ、レンジ600Wで4分加熱して固める。

4. 2のマッシュポテトを3の上に絞ってデコレーションする。仕上げにプチトマトをかざれば完成！

新玉ねぎの

栄養

時短

テク

1.
繊維を断ち切るようにカット、辛みが飛んで食べやすい

▼
P79

2.
辛みが少なく瑞々しいので水にさらさなくてOK！

▼
P79

保存方法
新玉は傷みやすいので、皮をむき少し上下を切り落とし、ラップで包んで野菜室で保存。

水にさらさないから栄養もそのまま

2.

辛みが飛んで子どもでも食べやすく♪

1.

makoさんより

新玉ねぎは収穫後すぐに出荷されるので、皮が薄く水分が多くて柔らかいのが特徴♪　水分が多いことで傷みやすいので気を付けましょう！

食欲をそそる
玉ねぎの香り♪
肉にも魚にも合う

新玉の万能ソース

材料（2〜3人分）

新玉ねぎ…1/2個（薄切り）
マヨネーズ…大さじ2
めんつゆ（2倍濃縮）
…大さじ2
七味唐辛子…少々

作り方

新玉
栄養テク

1. **新玉ねぎは繊維を断ち切るように切る。**

2. 材料をすべてポリ袋に入れて混ぜ合わせる。

3. 2 がしんなりしたら、魚やお肉などの好きな食材にかける。

厚揚げに
かけても
美味しい♪

ポリ袋で
3分

春キャベツの

栄養 時短 **テク**

1.
火の通りが違う外・中間でそれぞれぴったりアレンジ！

▼P81〜P83

2.
丸ごとレンチンの後は、水につけると葉がはがれやすくなる

▼P81〜P83

保存方法
芯をくり抜いて湿らせたキッチンペーパーを詰め、新聞紙に包んで冷蔵庫で保存すると鮮度が長持ち。

水圧で勝手に剥がれていく

2.

部位で使い分ける！

┄┄外側

中間

1.

makoさんより

春キャベツは、通常のキャベツに比べると葉と葉の間が詰まらずに「ふわっ」としているのが特徴です。その中でもより「ふわっ」としている方が美味しいキャベツです。

キャベツ
外側

野菜ギライ
攻略！

バク食べ **Point**

甘みが強い春キャベツをさらに加熱することで甘みが増して、野菜ギライでもバクバク食が進みます♪

スパムを使って、美味しく手間なし！

ロールキャベツ

キャベツ

材料（2〜3人分）

春キャベツ（外側部分）…6枚
ランチョンミート（スパム）…1缶
玉ねぎ（みじん切り）…1/4個
こしょう…少々
水…300ml
顆粒コンソメ…小さじ2

作り方

1. ラップをしたキャベツ（丸ごと）をレンジ600Wで約8分加熱する。

   春キャベツ 時短テク

2. キャベツの芯をくり抜き、葉を外側から6枚はがす。

   春キャベツ 栄養テク

3. ランチョンミート（スパム）、玉ねぎ、こしょうを練り混ぜ、キャベツで巻く。

4. 鍋に水、顆粒コンソメを入れ、**3**の巻き終わり部分を下にし、約20分煮込む。

調理時間 **20**分

電子レンジ **8**分

巻き終わりを下にすれば、爪楊枝で留めなくてOK！

バク食べ Point

春キャベツの甘みと、マヨネーズ＆お酢が醸し出す甘酸っぱさでお箸が止まりません。

キャベツ
中間

材料（2～3人分）

春キャベツ
…1/2玉（中間部分を千切り）
ハム…3枚（千切り）
A
| マヨネーズ…大さじ2
| 砂糖…大さじ1/2
| 酢…大さじ1/2
| 塩こしょう…少々

作り方

1. キャベツとハムを同じくらいの幅で千切りにする。

2. A をよく混ぜ合わせ、1 と和える。

中間を使う！

中間

つくりたても、
つくり置きでも
美味しい！

コールスロー

調理時間
3分

ソースとお好み焼きの見た
目につられて、しっかりキャ
ベツを食べられます♪

キャベツ
中間

レンチンだから
失敗なしの
お好み焼き！

レンジ お好み焼き

電子レンジ
3分

材料（2〜3人分）

春キャベツ
…1/2玉（中間部分を千切り）
A
│ 小麦粉…大さじ5
│ 水…大さじ4
│ 顆粒和風だし…小さじ1

青海苔、かつおぶし、ソース、
マヨネーズ…お好みで

中間

作り方

1. Aをよく混ぜ合わせる。

2. 千切りにしたキャベツを、1に混ぜ合わせる。

3. 耐熱皿にクッキングシートを敷いた上に流し入れ、ラップをせずにレンジ600Wで3分加熱する。お好みソース、マヨネーズなどをかける。

中間を使う！

とうもろこしの

栄養　時短　テク

1.
皮やヒゲ、芯も絶品料理に！

▼P87

2.
とうもろこしはV字に切ると実をむしるのが簡単に

▼P85〜P87

保存方法
生のままだと甘みがどんどん落ちてしまうので、茹でてから保存する。おすすめは茹でてからの冷凍保存。

とことん捨てない！

一列は包丁で切ってあとで手でむしる！

2.

1.

makoさんより
とうもろこしは粒の付け根の「胚芽」部分が、食物繊維や鉄分などの栄養が一番詰まっている場所！上で紹介している方法で、胚芽ごと粒を取ってしっかり栄養も摂りましょう♪

野菜ギライ
攻略！
バク食べPoint

味付けは塩だけ♪ これがとうもろこしの甘みを最大限に引き出して「おかわり！」を言わせる秘密なのです。

味付けは塩だけなのに、自然の甘さがたまらない♪

とうもろこしご飯

材料（2〜3人分）

とうもろこし…1本
塩…小さじ1強
酒…大さじ1
米…2合（といでおく）
水…2合の線まで

作り方

1. とうもろこしは皮（葉）、ヒゲを外す（残しておく。P.87で使います）。

   `とうもろこし 栄養テク`
   `とうもろこし 時短テク`

2. 粒に沿って縦にV字に切り込みを入れて実をむしる。

3. 炊飯器に米、水、酒、塩を入れ、とうもろこしの実と芯を入れる（芯からもだしが出るため）。

   `とうもろこし 栄養テク`

4. 炊飯器のスイッチオン！

 炊飯器 **普通** で炊飯

野菜ギライ
攻略！
バク食べ Point

子どもが大好きなグラタン
にすることで、どんな野菜も
どんどん食べられます。

材料（2〜3人分）

とうもろこしの実
（茹でてむしっておく）
…1本分
枝豆（茹でてさやから出す）
…30粒
白だし…小さじ1/2
納豆…1パック
ピザ用チーズ…大さじ3

作り方

1. 耐熱用器（グラタン皿など）に
   とうもろこしの実と枝豆、白だ
   し、納豆と付属のタレを入れて
   混ぜる。

2. 1に、チーズをのせ、トースター
   で7分程度焼き色がつくまで焼
   く。

先が平べったく
なっている
割り箸でも
むしりやすい

ご飯にも
パンにも合う
つぶつぶ食感が◎！

納豆と
とうもろこしの
グラタン

トースターで
7分

とうもろこしの皮が絶品スイーツに！

とうもろこしの皮のわらびもち

材料（2～3人分）

とうもろこしの皮、ヒゲ、芯
…2本分
茹で汁＋水…250ml
片栗粉…50g
砂糖…30g
きな粉（きな粉…大さじ2、砂糖…大さじ1、塩…少々）

透き通ってきたら火を止める！

調理時間 **20**分

作り方

とうもろこし栄養テク

1. とうもろこしの皮、ヒゲ、芯をよく洗い、ひたひたになるくらいの水を加えて鍋で15分ほど茹でる。

2. ザルにあげ、茹で汁だけを鍋に残す。

3. 小鍋に茹で汁250ml（足りなければ水を足す）、片栗粉、砂糖を加え、木べらでずっと混ぜながら火にかける。固まりだして、透き通ってきたら火を止め、更に1分ほど練る。

4. バットなどに移し、冷蔵庫で冷やす。食べる前にきな粉をかける。

ナスの

栄養　時短　**テク**

1. できるだけ薄く切ることで食感を感じさせないように

▼P89

2. ナスをラザニアの皮の代わりに使ってしまう！

▼P89

保存方法

ナスは、寒さや乾燥に弱い野菜なので一本ずつラップにくるんで野菜室で保存する。

ナスだとは気付かせない

2.

薄切りで存在を感じさせない

1.

mako さんより

ナスは、身体を冷やしてくれる効果がある夏にぴったりな野菜。美味しいナスの選び方は、皮が濃い紫色でハリとツヤがあって、ずっしりと重たいものを選ぶことです。

薄切りにした上に、チーズと
お肉の味のおかげで、ナスや
ピーマンが隠れていることに
は気付きません♪

野菜ギライ克服！
ケチャップ味の
ラザニア

ナスとピーマンのラザニア

材料（2〜3人分）

ナス（薄く切る）…2本
ピーマン（繊維にそって
3cm幅に切る。ワタとタネも
使う。P.90参照）…1個
ケチャップ…大さじ2
チーズ…適量
A
　合いびき肉…150g
　パン粉…大さじ4
　塩こしょう…少々

作り方

1. Aをポリ袋に入れ、混ぜる。

　　　ナス
　　　栄養テク

2. 保存容器にピーマン、ナス、Aを混ぜ合わせたもの、ケチャップを順に重ね、ミルフィーユ状にする。最後にチーズをのせる。

3. ラップをかけて、レンジ600Wで約8分加熱。

保存容器×
電子レンジ
8分

ピーマンの

栄養 時短 テク

1.
ワタやタネにも栄養（ピラジン）が詰まっているので、取り除かないで使おう

▼ P91

2.
縦に繊維にそって切れば、ビタミンCが逃げずタネも飛ばない

▼ P91

保存方法
ピーマンは水気に弱いので、水気を吸収してくれる新聞などにくるんで野菜室で保存。

切り方で栄養アップ

2.

ワタとタネは栄養の宝庫

1.

makoさんより

ピーマンは、まとめて保存すると傷みが一気に伝染してしまうので、個別に保存するか、傷んだものはこまめに取り除きましょう♪

バク食べ Point

かぼちゃを足すことで甘み
が増して、苦手な玉ねぎも
ピーマンもうまく隠してくれ
ます♪

かぼちゃが
入ってしっとり
食感

ピーマンの肉詰め

材料（2〜3人分）

ピーマン…3個
合いびき肉…120g
かぼちゃ…1/10個
玉ねぎ（みじん切り）…1/4個
塩こしょう…少々
A
　ケチャップ…大さじ2
　しょうゆ…小さじ1
　砂糖…小さじ1

作り方

1. ポリ袋にひき肉を入れ、塩こしょうをし、玉ねぎを加えてこねる。

2. かぼちゃをレンジ600Wで2分加熱して柔らかくし（P.9参照）、1と合わせる。

   ピーマン栄養テク

3. ワタとタネを取らずに縦半分に切ったピーマンに2を詰める。

4. 3をレンジ600Wで約6分加熱し、加熱が終わったらAをかける。

電子レンジ
6分

ポリ袋×
電子レンジ
2分

トマトの 栄養 時短 テク

1. 冷凍しておくと、湯むきみたいに皮がむける

2. 調理する前に常温に戻すことで、リコピンが増える

▼ P93〜P95

保存方法
ヘタを下にして保存する。くっついた部分から悪くなるので重ならないように。

放置で栄養アップ！

2.

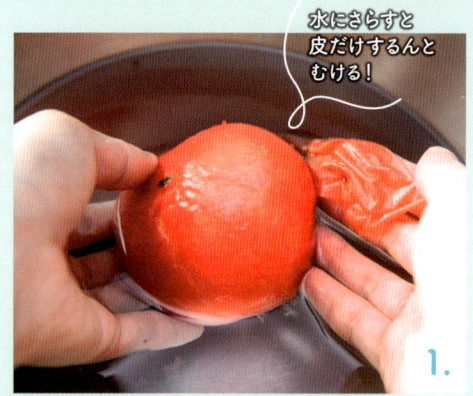

水にさらすと皮だけするんとむける！

1.

mako さんより

赤くなり熟した方が甘みが出るので、青いトマトは常温で追熟させましょう。そして、熟したら必ず野菜室で保存してください。

トマトの
苦手克服！
可愛くてつい
手が出る

トマトあめ

材料（2〜3人分）

砂糖…50g
水…大さじ1
ミニトマト…10個

作り方

トマト
栄養テク

1. トマトを冷蔵庫から出して常
温で置いておく。

2. 砂糖に水を加え、レンジ600W
で2分加熱（焦げないよう途中
で様子を見ながら）。

3. ミニトマトを爪楊枝で刺す。

4. トマトに**1**を絡めてクッキング
シートに並べる。冷蔵庫で30
分冷やす。

保存容器×
電子レンジ
2分

冷蔵庫で
30分

材料（2〜3人分）

トマト（乱切り）…1個
砂糖…大さじ4
レモン汁…大さじ1/2

作り方

1. 鍋にすべての材料を入れて 15 分
煮詰める。

トマトが
おしゃれなジャムに
大変身！

トマトジャム

カナッペにのせて
おやつにしても◎

調理時間
15 分

レモン汁効果で青くささが消えます！ 夏休みのおやつにもぴったりな野菜スイーツです。

酸味と甘みの絶妙なハーモニー！

トマトシャーベット

材料（2〜3人分）

トマト…2個
砂糖…大さじ6
レモン汁…大さじ2

作り方

トマト栄養テク

1. トマトを冷蔵庫から出して常温で置いておく。

2. すべての食材をミキサーにかけ、ポリ袋に入れる。

3. 冷凍庫で2時間程度、途中何度か混ぜながら冷やす。

  冷凍庫で3時間

かぼちゃの

栄養 時短 テク

1.
かぼちゃのワタは取らずに、そのまま料理してOK！

▼
P
97

2.
ついつい余るかぼちゃの煮物は、ギョウザにリメイク！

▼
P
97

ワタに栄養があるんです！

保存方法
丸ごとなら風通しのよい場所で常温保存。切ったものはワタと種を取ってラップにくるんで野菜室へ。

華麗に
リメイク！

2.

1.

makoさんより

皮に栄養があるのはもはや常識となっていますが、実はワタにも栄養が♪ すぐ使う時は、ワタごと調理して栄養を逃さず摂りましょう。

ギョウザにすることで、スナック感覚で手軽に美味しく食べられます♪おやつにしても◎

スナック感覚で食べられるギョウザ♪

かぼちゃの ギョウザ

材料（2〜3人分）

・かぼちゃの煮物（半量を使う※）

> かぼちゃ
> 時短テク

かぼちゃ（ワタを残してひと口大に切る）…1/4個
砂糖…大さじ1
しょうゆ…大さじ1
みりん…大さじ1
水…大さじ6

ギョウザの皮…12枚
チーズ…適量

※半量はそのまま煮物として食卓へ。半分をギョウザにリメイクしています。

作り方

1. かぼちゃの煮物の材料を保存容器に入れ、レンジ600Wで10分加熱し、煮物を作る。

> かぼちゃ
> 栄養テク

2. 1の 1/2 を潰して、ギョウザの皮でチーズと一緒に包む。

3. トースターにトレイ（またはクッキングシート）を敷き、焼き色がつくまで5分程度焼く。

チーズの塩気がかぼちゃの甘さを抑える

トースターで **5分**

保存容器×電子レンジ **10分**

makoの
攻略レシピ
秋

ごぼうの

栄養 時短 テク

1.

ごぼうはアルミ箔で汚れを落とすとラク

▼ P42・P99

2.

先に切り目を入れてからカットすると、まとめてみじん切りができる

▼ P42・P99

保存方法
泥つきのままのほうが鮮度が長持ちするので、そのまま新聞紙にくるんで立てて保存。

簡単みじん切り

2.

土汚れがキレイに落ちる

1.

makoさんより

ごぼうは皮の部分に栄養がたくさん詰まっているので、キレイに泥を落としたらそのまま調理するか、皮はうすーくむくのがおすすめです♪

シャキシャキしたごぼうの
食感がアクセントになって、
食べ応えがたっぷりです。
丼にしても◎。

食物繊維が
たっぷり♪
肉なしなんて
気付かない！

ごぼうのマーボー豆腐

材料（2〜3人分）

ごぼう 時短テク

ごぼう（みじん切り）
…1本
ごま油…大さじ2
水…200ml
水溶き片栗粉
（水…大さじ2
　片栗粉…大さじ1）
豆腐（ひと口大に切る）…1丁
A
　豆板醤…小さじ2
　みそ…大さじ1
　オイスターソース…大さじ1
　すりごま…大さじ1
　砂糖…小さじ1

作り方

1. フライパンにごま油をひき、ごぼうを炒める。

2. 火が通ったら A を入れてさらに炒め合わせる。

3. 水を加え、豆腐を入れる。

4. ひと煮立ちしたら水溶き片栗粉を回し入れ、とろみがついたら火を止める。

 フライパンで
10分

里芋の栄養 時短 テク

1.
皮に近い部分に栄養が多いので、皮のままレンチンすることで栄養を逃がさない

▼ P101

2.
ポリ袋レンチンすることで、皮がするっとむける

▼ P101

保存方法
乾燥を防ぐため、土がついたままの状態で新聞紙にくるんで冷暗所で保存する。

こんなに簡単にむけちゃうんです

2.

ムチンとガラクタンを逃がさない

1.

makoさんより

ぬめりがあるので、むきにくくて扱いにくい……でも、ポリ袋に入れてレンチンすることでなでるくらいの強さで簡単にむけちゃいます。ぜひチャレンジしてみてください！

野菜ギライ攻略！
バク食べ Point

里芋のホクホク感がマヨネーズ＆トマトと合わさって、箸休めにぴったりです。

里芋＆マヨネーズ相性最高です♪

里芋のホットサラダ

材料（2～3人分）

里芋（大きい場合はひと口大に）…小6個
トマト（くし切り）…1個
マヨネーズ…大さじ2
塩こしょう…少々

作り方

里芋
時短テク

1. 洗った里芋は皮付きのままポリ袋に入れレンジ600Wで4分半加熱。

2. 粗熱が取れたら皮をむき、ひと口大に切って、トマトと一緒にマヨネーズで和える。

身も心も
あったまる♡

ポリ袋×
電子レンジ
4分半

長芋の

栄養 時短 テク

1.
長芋は皮にポリフェノールが！アルミ箔でこすり洗いだけ

▼
P103・P121

2.
ポリ袋に入れて叩くと直接触れないので痒くならない

▼
P103・P121

保存方法
おがくずと一緒のものはそのまま、ないものは新聞紙にくるんで冷暗所で保存。

まな板も
包丁も
汚れない♪

2.

皮はむかずに
ひげ根だけ取る

1.

makoさんより

皮が薄くて、傷や斑点がないものが美味しい長芋の特徴です。長芋は生でも、茹でても、炒めても食べられるマルチな食材なので、ぜひチャレンジしてください♪

野菜ギライ攻略！
バク食べ Point

炒めることで粘り気が減るので、子どもでも食べやすくなるんです♪

おつまみにもなる
長芋アレンジ！

長芋の
スタミナ炒め

長芋
時短テク

材料（2〜3人分）

長芋…1/4本（100g）
豚こま切れ肉…100g
長ネギ（斜め切り）…1/2本
めんつゆ（2倍濃縮）
…大さじ2
おろしにんにく…小さじ1
塩こしょう…少々
ごま油…小さじ1

作り方

1. 長芋は、皮のままポリ袋に入れて叩いて粗く潰し、トングを使い、ごま油をひいたフライパンへ。

2. 1にネギ、豚こま切れ肉を入れ、肉に火が通るまで炒める。

3. 火が通ったら、めんつゆ、にんにく、塩こしょうを入れてさっと炒め合わせ味付けする。

 フライパンで **10**分

ブロッコリーの

栄養 時短 テク

1.
ブロッコリーは切って、5分置くことで抗酸化物質が活性化する

▼
P
105

2.
水にさらすと栄養が逃げてしまうので袋のまま冷やす

▼
P
105

保存方法
新鮮なうちに茹でて密閉容器へ。冷凍する場合はブロッコリー同士が重ならないように注意。

2.

ポリ袋
レンチンして、
そのまま水へ

放置するだけで
栄養アップ！

1.

mako さんより

ブロッコリーは生のままだと、どんどんつぼみが開いていってしまい栄養も味も落ちてしまいます。茹でて冷凍保存するのがおすすめです。

野菜ギライ
攻略！

バク食べ Point

自分で好きなふりかけを
チョイスしたら、さらに美味
しく楽しく食べられます♪

ふりかけと
和えるだけで
一品に！

ブロッコリーのふりかけ和え

材料（2〜3人分）

ブロッコリー…1/2株
塩…少々
ふりかけ…大さじ2

作り方

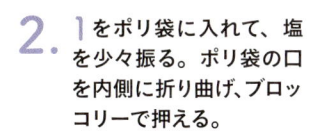
ブロッコリー
栄養テク

1. ブロッコリーを切って、5分置く。

2. 1をポリ袋に入れて、塩を少々振る。ポリ袋の口を内側に折り曲げ、ブロッコリーで押える。

3. レンジ600Wで2分加熱。

ブロッコリー
栄養テク

4. そのまま袋ごと水で冷やす。

5. 市販のふりかけを混ぜる。

ポリ袋×
電子レンジ
2分

大根の

栄養 時短 テク

1.
大根の皮のまわりにはビタミンCが多く含まれている

▼P107

2.
レンチンすれば時短の上に、味も染みやすくなる

▼P107

保存方法
根元、中間、先端に分け、キッチンペーパーにくるみポリ袋に入れて野菜室で保存。

ガス代
節約＆時短♪

2.

皮は
むきません！

1.

mako さんより

大根は冷凍保存もおすすめです。味が染みやすくなり、食材ロスもなくなるといういいことだらけな保存方法です。冷凍する場合は水気をしっかり切ってから保存することがポイントです。

味が染みた
大根が
たまらない♪

大根の磯煮

材料（2〜3人分）

大根…1/4本
味付け海苔…2袋
顆粒和風だし…小さじ1
しょうゆ…小さじ1

作り方

大根
栄養テク

1. 皮付きの大根を乱切り。

2. ポリ袋に入れて、レンジ 600W で 4 分加熱。

大根
時短テク

3. レンジから取り出し、鍋に入れ顆粒だしを入れて煮込む。

4. 味付け海苔を入れる。

5. しょうゆを入れて、5 分煮込む。

ポリ袋×
電子レンジ
4分

調理時間
5分

野菜の皮もはしっこも捨てません！

野菜の皮や皮の近くには栄養がいっぱい！
野菜くずは野菜の旨みたっぷりのベジブロスに！

野菜くずのベジブロス

手順

野菜くず…350g
水…1ℓ
酒…大さじ1

作り方

1. 鍋にすべての材料を入れて煮立てる。

2. 弱火にして30分、アクを取り、ザルで濾す。

 すぐに使わない時は、保存容器に入れて
冷凍しておくと便利！

万能ベジブロスの
アレンジレシピ

野菜の万能だし、ベジブロスを使えば、
簡単スープもコクのある味わいに！

ベジブロスにんじんポタージュ

手順

ベジブロス…400ml
にんじん（皮をむきラップ
をしてレンジ600Wで6分）
…1本
生クリーム…100ml
塩こしょう…適量

作り方

1. すべての材料をミキサーに入れ滑らかに
する。

2. 冷やしても、温めてもお好みで！

makoの ご当地 & 給食レシピ

『ヒルナンデス！』でも大人気の
ご当地＆給食レシピ。
バラエティに富んだいろんな料理を、
mako流にアレンジしたレシピを紹介します。
もちろんどのレシピも簡単に
美味しく作れるものばかり！
献立に悩んだ日は、
ぜひここからチョイスしてみて♪

111

材料（2～3人分）

じゃがいも（ひと口大に切る）
…1 個
にんじん（ひと口大に切る）
…1/4 本
大根（ひと口大に切る）…1㎝
うずらの卵（茹でたもの）
…4 個
こんにゃく（ひと口大にちぎる）
…1/4 枚
ちくわ（斜め 4 等分）…2 本
サラダ油…小さじ 1
水…150ml
A
└ カレー粉…小さじ1
　顆粒コンソメ…小さじ1
　ケチャップ…大さじ2
　しょうゆ…小さじ1

作り方

1. サラダ油をひいた鍋で具材を炒め、油が回ったら水を入れてフタをし、じゃがいもが柔らかくなるまで煮る。

2. Aを入れ、5分程度煮詰める。

カレーと
和風食材の
ハーモニー

インド煮

調理時間
15分

栃木で生まれたインドの味

絶品ソースで
お箸が止まらない！

みそポテト

材料（2〜3人分）

新じゃが…2 個
揚げ油…適量
A
　みそ…大さじ1
　みりん…大さじ1
　砂糖…大さじ1
　水…大さじ1

作り方

1. 新じゃがを皮のままポリ袋に入れて袋の口を新じゃがいもで押さえたままレンジ 600W で 4 分加熱。

2. ひと口大に切り、さっと油で揚げる。

3. A を保存容器で混ぜ合わせて、レンジ600Wで 50 秒加熱する。

4. 2 を 3 にからめる。

ポリ袋×
電子レンジ
4分

保存容器×
電子レンジ
50秒

土を落として
皮付きのまま使う

ご当地＆給食レシピ mako流 **長野** nagano

材料（2〜3人分）

豚バラ肉（2cm程度に切る）…100g
キムチ（2cm程度に角切り）…100g
たくあん（もしくはつぼ漬けを粗く刻む）…50g
ご飯…茶碗大盛り2杯
ごま油…大さじ1/2
しょうゆ…大さじ1/2

作り方

1. ごま油をひいたフライパンで豚肉を炒め、色が変わったら、キムチ、たくあん、しょうゆを加えて炒め合わせる。

2. ご飯を加え、全体を混ぜ合わせる。

キムチの辛さとたくあんの甘さが絶妙マッチ

キムタクご飯

フライパンで **10**分

キムチ＆タクアン…？

え…まさかあの…？

なにわの
アイデア食！

うどんギョウザ

材料（2〜3人分）

茹でうどん
（2cm幅に切る）…1玉
豚ひき肉…140g
ニラ（根元はみじん
切り、葉先はざく切り）
…1/2束
卵…1個
おろしにんにく
…小さじ1/2
しょうゆ、酒、片栗粉
…各小さじ2
ごま油…大さじ1
ポン酢…お好みで

作り方

1. ごま油以外の材料をポリ袋で混ぜ合わせる。

2. ごま油をひいたフライパンで、ひと口大にした 1 を両面をこんがり焼く。お好みでポン酢をつけて食べる。

ニラは根元はみじん切りで、
アリシンが活性化！ 葉はざく
切りでビタミン逃さない！

フライパンで
10分

mako流 ご当地＆給食レシピ 奈良 nara

材料（2〜3人分）

鶏もも肉（大きめのひと口大に切る）…1枚
キャベツ（ざく切り）…1/4個
長ネギ（斜め1cmに切る）…1本
しいたけ（石づきを取る）…3枚
水…150ml
A
| 牛乳…250ml
| 白だし…大さじ3

作り方

1. 鍋にA以外の材料を入れ、あらかた火を通す。

2. Aを入れ、完全に火が通るまで煮込む。

牛乳と白だしで和と洋のコラボ鍋スープも絶品！

飛鳥鍋

意外な組み合わせがうまくいく。
……恋人と一緒ね。
フッ……

調理時間
10分

納豆が
パワーアップ！
ご飯が進むスピードも
アップ♪

スタミナ納豆

材料（2〜3人分）

鶏ひき肉…100g
ひきわり納豆…100g
おろしにんにく
…小さじ1/2
おろししょうが
…小さじ1/2
青ネギ（小口切り）
…2本
ごま油…小さじ1
A
| 納豆のタレ…2パック分
| めんつゆ（2倍濃縮）
| …小さじ2
| タバスコ…少々

作り方

1. ごま油をひいたフライパンでおろしにんにく、おろししょうがと鶏ひき肉をよく炒める。

2. 火を止めてから納豆、A、ネギを入れ、よく混ぜ合わせる。

 フライパンで 5分

ご当地＆給食レシピ mako流 ： 香川給食 kagawa

材料（2〜3人分）

小松菜（4cm幅に切る）…1/2 束
木綿豆腐…1/2 丁
ごま油…大さじ1
めんつゆ（2倍濃縮）…大さじ1
しょうゆ…小さじ1
水…大さじ4

作り方

1. ごま油をひいたフライパンで、豆腐を崩しながら炒める。

2. 豆腐に油が回ったら、小松菜を加え、さっと炒め合わせ、水、めんつゆ、しょうゆを入れて3分ほど煮る。

ほうれん草のごま和えでもアレンジOK！

郷土食を小松菜で簡単アレンジ♪

まんばのけんちゃん

※語源は、まんば（高菜の 一種）とけんちんが訛ったもの。

フライパンで **5分**

※「まける」＝「こぼれる」で、「こぼれるほどいっぱい」の意味。

まけまけいっぱい！！

香川の優しい味

辛さと旨さと
香ばしさが
トリプルマッチ！

韓国風カルパッチョ

材料（2〜3人分）

刺身…100g（あじ、まぐろ、
サーモンなど）
しょうゆ…小さじ1
コチュジャン…小さじ2
ごま油…小さじ2
カシューナッツ
（粗く刻んでおく）…4粒
青ネギ（小口切り）…2本
糸唐辛子…お好みで

作り方

1. すべての材料をポリ袋に入れて混
ぜ合わせる。お好みで糸唐辛子を
添える。

ポリ袋で
1分

材料（2〜3人分）

さけるチーズ…3本
サンドイッチ用のパン
…3枚
卵（溶いておく）…1個
パン粉…適量
揚げ油…適量

作り方

1. パンを手で押さえて潰し、巻きやすくし、さけるチーズを入れて巻く。

2. 卵、パン粉の順でまぶし、油でこんがり揚げる。

おやつにぴったり♪
とろ〜りチーズが
たまらない

パンでできるチーズドッグ

出た!!
あの映え
のやつね

にゅ

映えてるー

カシャ
カシャ

調理時間
10分

ふわふわ食感の優しいお味

長芋ケランチム（韓国蒸し卵）

材料（2〜3人分）

長芋（水洗いし、ひげ根をこそげ落とす）
…1/4本（100g）
卵…3個
ごま油…小さじ1
鶏ガラスープの素
…小さじ1
おろしにんにく
…小さじ1/2
水…50ml

作り方

1. 長芋を皮付きのままポリ袋に入れて麺棒やびんなどで叩いて潰し、卵、ごま油、おろしにんにく、水を入れて、更に滑らかになるまでよく混ぜる。

2. 耐熱容器に入れてふんわりラップをし、レンジ600Wで4分半加熱する。

ポリ袋×電子レンジ 4分半

皮付きのままで栄養逃さない！

ご当地 &
給食レシピ
mako
流

タイ

材料（2〜3人分）

刺身…100g（エビ、
サーモン、ホタテなど）
ミント（手でざっくり
ちぎる）…2本
レモン汁…小さじ1
しょうゆ…小さじ2
砂糖…小さじ1/2
おろしにんにく
…小さじ1/2

作り方

1. すべての材料をポリ袋に入れて、
よく混ぜ合わせる。

ミント×刺身が
意外に合う！

タイ風お刺身

ポリ袋で
1分

世界一
幸せな国の
ピリ辛煮込み

エマダツィ

※エマ（唐辛子）とダツィ（チーズ）を用いたブータンの家庭料理。

調理時間
10分

材料（2～3人分）

ブロッコリー
（小房に分ける）…1/2 株
玉ねぎ（薄切り）
…1/4 個
プロセスチーズ…100g
牛乳…15ml
鷹の爪（タネは取る）
…4本
おろししょうが…小さじ 1/2
塩…少々

作り方

1. 材料をすべて鍋に入れ、焦がさないように弱火で 10 分ほど煮込む。

一番幸せな国の
幸せなピリ辛味

材料（2〜3人分）

玉ねぎ（乱切り）
…1/2個
にんじん（乱切り）
…1/2本
鶏むね肉（大きめの
ひと口大に切る）…1枚
バター…20g
水…200ml
顆粒コンソメ…小さじ2
塩…少々
こしょう…少々
生クリーム…100ml
卵黄（溶いておく）…1個

作り方

1. 玉ねぎ、にんじん、鶏肉をバターで炒め、肉の色が変わったら水、コンソメ、こしょうを入れて火が通るまで15分ほど煮込む。

2. 生クリームを入れてひと煮立ちしたら、火を止め、卵黄を入れてよく混ぜる。

ヨーロッパの風を感じるクリーミーなシチュー

ワーテルゾーイ

※オランダ語で「ごちゃ混ぜ」の意味。

ご当地＆給食レシピ　ベルギー

mako流

調理時間 15分

めちゃめちゃ
簡単なのに一気に
映える一品

ハッセルバックポテト

※スウェーデン語で「ハッセルバック」は「アコーディオン」の意味。

材料（2〜3人分）

じゃがいも（5mm幅に切り目を入れる）…2個
ベーコン…1枚（切れ目の数に合わせて等分に切る）
ピザ用チーズ…適量
オリーブオイル…大さじ1
塩こしょう…少々

作り方

1. 切り離さないようにじゃがいもに切り込みを入れてから、ポリ袋に入れレンジ600Wで4分半加熱する。

2. 1を耐熱容器にのせて塩しょうを振り、切れ目にベーコンとチーズをはさみ、オリーブオイルをかけ、トースターで3分程度焼き色がつくまで焼く。

＼ 割り箸を置いて切ると、切り離し防止に♪ ／

直焼すると
アコーディオン
じゃがいも

最後まで読んでくださり、ありがとうございます。

様々なテクニックをご紹介しましたが、いかがだったでしょうか？

今の時代、忙しい方も多く、なかなかおうちでお料理を作ることが難しいと思います。

私は、一人でも多くの方に「料理の楽しさ」や「おうちでごはんを食

とめた辞典のような本を作りたい」という思いがあったのですが、今まで番組を見てくださった視聴者の皆様や著書を読んでくださった読者の皆様からも、『ヒルナンデス！』で紹介したテクニックをまとめた本があれば嬉しい」という反響をいただきまして、今回形にすることができました。

べる喜び」を感じていただきたいと思い、簡単を追求した時短レシピを『ヒルナンデス!』のお宅訪問でご紹介させていただきました。

お手軽な調理法をまとめた本書だからこそ、「初めて作るけど……やってみようかな?」とトライするきっかけとなれば嬉しいです。

また、ずっと『テクニックをま

今まで『ヒルナンデス!』のロケで訪問させていただいたご家族の皆様に感謝するとともに、番組のスタッフ、そして現場を盛り上げてくださる共演者の方々に改めて御礼を申し上げます。

mako

〈mako公式ホームページ〉
http://makofoods.com/

Instagram | @makofoods
twitter | @makofoods
YouTube | youtube.com/c/makofoods

家政婦マコの
ヒルナンデス！
魔法のテクニック

著者　**mako**

2019年7月1日　初版発行

発行者　横内正昭
編集人　青柳有紀

発行所　株式会社ワニブックス

〒150-8482
東京都渋谷区恵比寿4-4-9　えびす大黒ビル

03-5449-2711（代表）
03-5449-2716（編集部）

ワニブックスHP　http://www.wani.co.jp/
WANI BOOKOUT　http://www.wanibookout.com/

印刷所　株式会社美松堂

製本所　ナショナル製本

Staff

写真　貝塚純一
カバーデザイン　藤田康平（Barber）
本文デザイン　杉本ひかり、山地茉里香、山内優奈（ワンダフル）
フードスタイリスト　サイトウレナ
ヘアメイク　貞廣有希
イラスト　黒猫まな子
構成　山井英理子（ケイ・クリエイティブ・ファクトリー）
DTP　坂巻治子
校正　深澤晴彦
協力　UTUWA
マネジメント　中根勇
出版プロデューサー　将口真明、薮島健司、飯田和弘（日本テレビ）
編集　森公子（ヴュー企画）
編集統括　吉本光里（ワニブックス）

ヒルナンデス！TV Staff

チーフプロデューサー　横田崇
演出　五歩一勇治
曜日演出　有田駿介
統括プロデューサー　三觜雅人
プロデューサー　小林拓弘、久道恵
　　　　　　　　筒井梨絵（AX-ON）、石川絵里（AX-ON）